OTTAWA PUBLIC LIBRARY
BIBLIOTHÈQUE PUBLIQUE D'OTTAWA

Gladiateurs

UN LIVRE WELDON OWEN

© 2011 **Discovery Communications**, LLC.
Discovery Education™ et le logo **Discovery Education** sont des marques déposées de Discovery Communications, LLC, utilisées sous licence.
Tous droits réservés.

Conçu et réalisé par
Weldon Owen Pty Ltd
59-61 Victoria Street, McMahons Point
Sydney NSW 2060, Australie

Édition originale parue sous le titre
Blood in the Arena
© 2011 Weldon Owen Pty Ltd

Traduction de Catherine Zerdoun
© Édition Gallimard Jeunesse, France

© 2012 pour l'édition française au Canada
Les Éditions Petit Homme, division du Groupe Sogides inc., filiale de Quebecor Media inc. (Montréal, Québec)

09-12
Tous droits réservés
Dépôt légal : 2012
Bibliothèque et Archives nationales du Québec
ISBN 978-2-924025-12-3

POUR L'ÉDITION ORIGINALE
WELDON OWEN PTY LTD
Direction générale Kay Scarlett
Direction de la création Sue Burk
Direction éditoriale Helen Bateman
Vice-président des droits étrangers Stuart Laurence
Vice-président des droits Amérique du Nord Ellen Towell
Direction administrative des droits étrangers
Kristine Ravn
Éditeur Madeleine Jennings
Secrétaires d'édition Barbara McClenahan, Bronwyn Sweeney, Shan Wolody
Assistante éditoriale Natalie Ryan
Direction artistique Michelle Cutler, Kathryn Morgan
Maquettistes Lore Foye, Christina McInerney
Responsable des illustrations Trucie Henderson
Iconographe Tracey Gibson
Directeur de la fabrication Todd Rechner
Fabrication Linda Benton et Mike Crowton
Conseiller Philip Wilkinson

DISTRIBUTEUR EXCLUSIF :
Pour le Canada et les États-Unis :
MESSAGERIES ADP*
2315, rue de la Province
Longueuil, Québec J4G 1G4
Téléphone : 450-640-1237
Télécopieur : 450-674-6237
Internet : www.messageries-adp.com
  * filiale du Groupe Sogides inc.,
    filiale de Quebecor Media inc.

Catalogage avant publication de Bibliothèque et Archives nationales du Québec et Bibliothèque et Archives Canada

Park, Louise, 1961-
  Gladiateurs
  Traduction de: Blood in the arena.
  Comprend un index.
  Pour les jeunes.
  ISBN 978-2-924025-12-3

  1. Gladiateurs - Ouvrages pour la jeunesse. I. Titre.
GV35.P3714 2012   j796.80937
C2012-940187-0

Gouvernement du Québec – Programme de crédit d'impôt pour l'édition de livres – Gestion SODEC –
www.sodec.gouv.qc.ca

L'Éditeur bénéficie du soutien de la Société de développement des entreprises culturelles du Québec pour son programme d'édition.

 Conseil des Arts   Canada Council
du Canada   for the Arts

Nous remercions le Conseil des Arts du Canada de l'aide accordée à notre programme de publication.

Nous reconnaissons l'aide financière du gouvernement du Canada par l'entremise du Fonds du livre du Canada pour nos activités d'édition.

Imprimé et relié en Chine

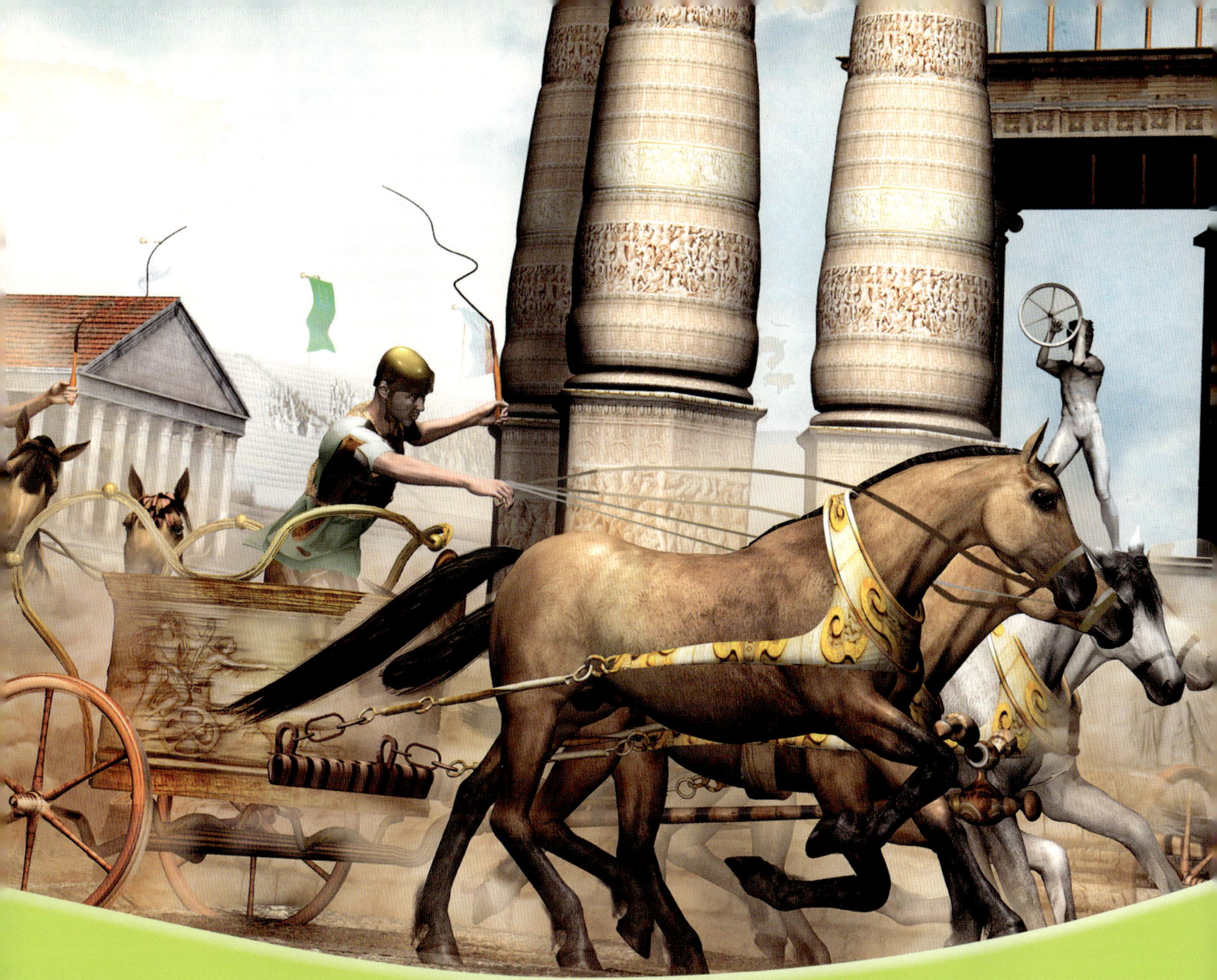

Gladiateurs

Louise Park

Sommaire

Les gladiateurs romains 6

Les combats de gladiateurs 8

Chronologie 10

Un métier 12

Le Ludus Magnus 14

Les différents types de gladiateurs 16

Les armes et les armures 18

Spartacus 20

Le Circus Maximus 22

Le Colisée 24

Les empereurs gladiateurs 26

Le déclin des jeux 28

À ton tour, sois un gladiateur ! 30

Glossaire 31

Index 32

Les gladiateurs romains

Les gladiateurs étaient des combattants professionnels qui s'affrontaient en public dans la Rome antique. Ils se battaient contre d'autres gladiateurs et, parfois, contre des animaux sauvages. Les combats de gladiateurs furent très populaires pendant la période de l'Empire romain qui dura de 27 av. J.-C. à 395 apr. J.-C. Cependant, la pratique de ce type de combat commença bien avant la proclamation de l'Empire : c'était une façon de punir les esclaves, les prisonniers de guerre, les criminels… Les premiers combats de gladiateurs eurent lieu à Rome en 264 av. J.-C., inaugurant une tradition qui devait se poursuivre près de sept siècles.

LA TENUE DES GLADIATEURS
Tous les gladiateurs n'avaient pas le même type d'équipement, mais presque tous portaient un bouclier et des protections pour les épaules et les jambes.

Protège-épaule

Jambière

Le mirmillon
Armé d'une dague, ce gladiateur portait un casque à crête et un bouclier rectangulaire.

LES GLADIATEURS ROMAINS | 7

Des scènes de la vie quotidienne
Les mosaïques, compositions réalisées à partir de tesselles – de minuscules morceaux de pierres de différentes couleurs et parfois de verre –, nous renseignent sur la vie des Romains. On découvre ici différents types de gladiateurs au combat.

L'Empire romain en 117 apr. J.-C.
Les Romains menèrent une politique de conquêtes guerrières pour accroître leurs possessions. Au début du IIe siècle apr. J.-C., leur empire s'étendait de l'Europe à l'Afrique du Nord et à l'Orient.

Les combats de gladiateurs

Les combats de gladiateurs ne tardèrent pas à devenir l'un des jeux du cirque les plus populaires à Rome. À l'origine, ces combats étaient organisés à l'occasion des funérailles d'une personne de haut rang : on pensait que la mort d'un gladiateur éloignerait les mauvais esprits et satisferait les dieux. Les personnages officiels se mirent à préparer leurs propres funérailles en organisant des combats de plus en plus grandioses. Les empereurs, les sénateurs et les autres magistrats importants comprirent que cette forme de spectacles pouvait les aider à accroître leur popularité et leur pouvoir.

MAXIMUS

Pour son film *Gladiator* (2000), Ridley Scott s'est inspiré des gladiateurs romains. Russell Crowe y incarne Maximus, un général déchu. L'acteur s'est tellement entraîné pour préparer son rôle de gladiateur qu'il s'est cassé un pied et une hanche et s'est blessé aux deux bras.

Au cœur de l'arène

Généralement, plusieurs combats se déroulaient au même moment. Voulus par l'empereur Trajan en 107 apr. J.-C., les plus grands jeux jamais organisés jetèrent dans l'arène 5 000 paires de gladiateurs. L'empereur prenait place dans sa loge avec un groupe de sénateurs, tandis que les citoyens se tenaient sur les gradins.

Chronologie

Les combats de gladiateurs commencèrent officiellement en 264 av. J.-C. et furent abolis 668 ans plus tard par l'empereur Honorius, en 404 apr. J.-C. La popularité croissante de ces jeux amena des hommes libres à devenir gladiateurs. Ces volontaires n'étaient pas des esclaves mais le plus souvent des hommes pauvres qui espéraient gagner ainsi de l'argent.

264 av. J.-C.
Première mention de combats de gladiateurs à Rome, tenus à l'occasion des funérailles de Junius Brutus Pera.

202 av. J.-C.
Pour la première fois, des animaux sauvages provenant de contrées lointaines prennent part aux combats de gladiateurs.

80 av. J.-C.
Construction d'un amphithéâtre à Pompéi. Il fut enseveli lors de l'éruption du Vésuve (79 apr. J.-C.)

46 av. J.-C.
Jules César fait aménager un lac artificiel pour organiser des batailles navales. Quelque 3 000 gladiateurs s'affrontent dans la première du genre.

59 apr. J.-C.
Néron est le premier empereur à essayer d'abolir les combats de gladiateurs. Il les suspend pendant dix ans, après une émeute parmi les spectateurs.

CHRONOLOGIE 11

70 apr. J.-C.
Début de la construction du plus grand amphithéâtre du monde romain : le Colisée sera inauguré en 80 apr. J.-C. à Rome par l'empereur Titus après dix ans de travaux.

200 apr. J.-C.
L'empereur Sévère interdit les combats de gladiateurs féminins.

325 apr. J.-C.
L'empereur Constantin interdit de condamner les criminels à devenir gladiateurs.

404 apr. J.-C.
Les combats de gladiateurs sont interdits pendant le règne de l'empereur Honorius.

Un métier

Dans les casernes de gladiateurs se côtoyaient des esclaves, des prisonniers de guerre, des criminels, mais aussi des hommes libres venus apprendre les techniques de combat. On a dénombré jusqu'à une centaine de ces établissements d'enseignement à travers l'Empire romain. Les plus réputés se trouvaient en Italie, par exemple à Capoue et à Pompéi, dans la région de Naples, mais la plus grande caserne de gladiateurs était le Ludus Magnus, à Rome.

Sous le Colisée
Sous l'amphithéâtre étaient aménagées des cellules pour les gladiateurs et des cages pour les animaux. C'est là qu'on amenait les gladiateurs, souvent depuis le Ludus Magnus, avant un combat.

1 Les cellules des gladiateurs
L'alimentation des gladiateurs comprenait beaucoup de céréales, notamment de l'avoine et de l'orge, mais aussi des haricots. Ce régime alimentaire était censé leur éviter de perdre tout leur sang.

2 Des cages reliées à l'arène
Juste avant d'être lâchés dans l'arène, les gladiateurs étaient placés dans des cages.

UN MÉTIER 13

Sacramentum gladiatorum
Chaque gladiateur prêtait aux dieux un serment, s'engageant à être traité en esclave, sans disposer d'aucun droit.

« JE SUIS PRÊT À ÊTRE FRAPPÉ, BRÛLÉ, ENCHAÎNÉ ET TUÉ PAR LE FER, JE LE JURE ! »

URI · VINCIRI · VERBERARI FERROQUE NECARI

Les ruines de la caserne à Pompéi
La caserne des gladiateurs se trouvait derrière l'amphithéâtre. Aujourd'hui, on peut encore voir les ruines des cellules.

L'entraînement
Les gladiateurs s'entraînaient tous les jours avec le même groupe et apprenaient un certain nombre de passes. On leur enseignait même comment mourir de manière à contenter le public !

Le Ludus Magnus

Situé à Rome, le Ludus Magnus était la plus grande et la plus célèbre des casernes de gladiateurs. Construit sous le règne de l'empereur Domitien, cet édifice sur deux niveaux pouvait accueillir plus de 3 000 spectateurs venus voir les gladiateurs à l'entraînement. Le Ludus Magnus comprenait une grande arène et 130 cellules réparties en quatre ailes pour les combattants.

LE LUDUS MAGNUS

Le Ludus Magnus aujourd'hui
On découvre les ruines des cellules où étaient parqués les gladiateurs.

LE TUNNEL

Le Ludus Magnus ferma ses portes en 404 apr. J.-C. lorsque les combats de gladiateurs furent interdits. Ses ruines ont été mises au jour en 1937 et l'on sait, grâce à la découverte d'un plan en marbre de Rome, qu'il existait un tunnel reliant la caserne au Colisée.

1. Le Colisée était le plus grand et le plus renommé des amphithéâtres de l'Empire romain. C'est là que les empereurs organisaient leurs jeux.

2. Le Ludus Magnus était relié au Colisée par un tunnel sous-terrain que les gladiateurs empruntaient pour déboucher dans l'arène.

3. Les historiens pensent que le Ludus Matutinus servait à l'entraînement des gladiateurs qui affrontaient des animaux. Son nom signifie « jeux matinaux » et c'est en effet le matin que ce type de combat avait lieu.

Scènes de combat
Réalisée en 320 apr. J.-C. et découverte en 1834 dans la région de Rome, cette mosaïque montre des gladiateurs en train de se battre.

Les différents types de gladiateurs

Les gladiateurs s'entraînaient à différentes sortes de combats, nécessitant des armes, des armures et des techniques différentes. Ils affrontaient généralement toujours le même type d'adversaires. Ainsi, le public aimait voir un rétiaire se battre contre un secutor, ou un mirmillon faire face à un hoplomaque.

Les bestiaires
Le plus souvent armés d'une épée et d'un bouclier, ils se battaient contre des fauves, comme les panthères.

LES DIFFÉRENTS TYPES DE GLADIATEURS 17

Les essédaires
Montés à deux sur un char, ils étaient armés de javelots. Ils affrontaient des animaux sauvages.

Les secutors
Armés d'un long bouclier et d'une épée, ils portaient un casque sans rebord ni arête pour éviter d'être pris dans les filets des rétiaires.

Les rétiaires
Ils combattaient armés d'un trident et d'un filet pour capturer leurs adversaires.

Les hoplomaques
Inspirés des hoplites de Sparte, ils étaient équipés d'une armure complète, d'une épée et d'un grand bouclier arrondi.

Les andabates
Coiffés d'un casque sans ouverture, ils combattaient à cheval, armés d'une épée et munis de clochettes pour se localiser.

Les dimachères
Ils ne portaient aucun équipement de protection et se battaient armés d'une dague et d'un glaive.

Les armes et les armures

Les éléments de la panoplie des gladiateurs évoluèrent au fil du temps. Tous correspondaient à des techniques de combat particulières. On trouvait ainsi des arcs et des épées, des casques et des plastrons, et toutes sortes de boucliers. Les armures comprenaient des éléments en métal ou en cuir. Le métal offrait une meilleure protection, mais il était aussi plus lourd à porter que le cuir qui, lui, entravait moins le gladiateur dans ses mouvements, mais se révélait plus facile à transpercer.

Le *scutum*
Conçu pour protéger le corps, ce bouclier était de forme rectangulaire ou ovale.

Le *reta*
Ce lourd filet de corde était généralement lesté de poids sur son pourtour, et comprenait parfois des lames.

Le *pilum*
Similaire au javelot, cette longue lance se terminait par une pointe métallique affûtée.

Les cataphractes
Ces tuniques comportaient des éléments en cuir et en métal pour une meilleure protection.

Le *laquesus missilis*
Fait en corde ou en cuir, ce long lasso avait le même usage que le *reta*.

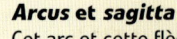
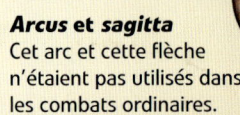

Arcus et *sagitta*
Cet arc et cette flèche n'étaient pas utilisés dans les combats ordinaires.

LES ARMES ET LES ARMURES

1 **Casque**
en cuir et en métal

2 **Manique**
brassard métallique servant
à protéger le bras

3 **Plastron**
équipement en bronze destiné
à protéger le torse

4 **Acinace**
épée droite et courte, très répandue

5 *Parma*
petit bouclier rond
ou ovale

6 **Trident**
longue fourche à trois dents

Paré pour le combat
Une bonne armure et des armes de qualité étaient des gages de succès dans l'arène.

Spartacus

Originaire de Grèce, Spartacus décida de s'engager dans l'armée romaine. Par la suite, il déserta, fut capturé et vendu comme esclave. Il fut envoyé à la caserne des gladiateurs de Capoue. En 73 av. J.-C., Spartacus le gladiateur prit la tête d'une révolte pour la liberté. Avec quelque 80 esclaves armés, il établit un camp sur le Vésuve où il fut rejoint par d'autres esclaves en fuite. Pour mettre fin à la révolte, le Sénat envoya une légion de 3 000 soldats que Spartacus et ses hommes réussirent à vaincre. Les rebelles vinrent aussi à bout des autres légions que Rome leur envoya. Spartacus mourut finalement au combat en 71 av. J.-C.

Hommage à Spartacus
Gladiateur né en Thrace, Spartacus portait un grand casque et une épée recourbée.

« LA FLAMME »

Flamma fut l'un des gladiateurs les plus populaires de tous les temps. Il servait dans l'armée en Syrie lorsqu'il fut condamné à être gladiateur pour insubordination. Un gladiateur pouvait gagner sa liberté après avoir remporté cinq combats ou s'être battu plusieurs années. Flamma fut déclaré libre à quatre reprises, mais il choisit de rester gladiateur. Il était si célèbre que l'on frappa une pièce de monnaie à son effigie.

Inscription sur la tombe de Flamma

FLAMMA
« LA FLAMME »
GLADIATEUR SECUTOR
VÉCUT 30 ANS
COMBATTIT 34 FOIS
VICTORIEUX 21 FOIS
TOUCHÉ 9 FOIS
VAINCU 4 FOIS

La mort de Crixus
Esclave et gladiateur gaulois, Crixus était l'un des chefs de la révolte aux côtés de Spartacus. Il fut tué en 73 av. J.-C. par les soldats romains. Pour venger sa mort, Spartacus obligea 300 prisonniers romains à s'affronter deux par deux jusqu'à la mort, comme dans les combats de gladiateurs.

Un courage sans faille
Pour montrer sa détermination, Spartacus égorgea lui-même son cheval avant l'assaut final.

Le Circus Maximus

Ce stade fut le premier et le plus grand hippodrome jamais construit à Rome. Il servait de cadre aux déroulements de toutes sortes de jeux : combats de gladiateurs, matchs de boxe, courses à pied ou de chars… Bâti à l'origine en bois, le Circus Maximus fut détruit par les flammes en 31 av. J.-C. Par la suite, il fut endommagé par deux autres incendies avant d'être reconstruit en marbre en 103 apr. J.-C. La piste oblongue était divisée en deux par un muret central *(spina)* à chaque bout duquel une borne *(meta)* indiquait aux chars où tourner.

Le Circus Maximus aujourd'hui
On découvre les pistes recouvertes d'herbe, la *spina* et quelques portes de départ.

Les courses de chars

Ce type de courses était très populaire et on en organisait jusqu'à douze par jour. De petite taille, les chariots étaient conçus pour être le plus légers possible ; ils étaient tirés par un attelage de deux à huit chevaux.

Le Circus Maximus dans l'Antiquité
Le stade, avec 600 m de long et 118 m de large, pour une hauteur équivalente à un immeuble de trois étages, pouvait contenir environ 150 000 spectateurs assis.

Le Colisée

Le Colisée était le plus grand des amphithéâtres de son temps. Près de 30 000 esclaves et de nombreux artisans spécialisés travaillèrent à sa construction qui commença en 70 apr. J.-C. et s'acheva dix ans plus tard. Pour célébrer l'événement, l'empereur Titus organisa cent jours de festivités avec, entre autres, de grandioses combats de gladiateurs et des spectacles animaliers. Avec 189 m de long et 156 m de large, le Colisée pouvait accueillir de 50 000 à 75 000 spectateurs.

La loge impériale
Conçue pour l'empereur, elle se trouvait sur le podium, du côté nord de l'arène. Elle était reliée au palais impérial par un tunnel. Les sénateurs prenaient également place à ce niveau.

LE COLISÉE 25

Les entrées
Pour accéder au Colisée, le public disposait de 76 portes d'entrée voûtées, auxquelles s'ajoutaient 4 portes majestueuses réservées à l'empereur et aux personnages officiels.

Les sièges du niveau supérieur
Sur ces sièges en bois prenaient place les femmes et les citoyens les plus modestes.

Les sièges du niveau inférieur
Le premier tiers des sièges de marbre était destiné aux nobles, le deuxième tiers, aux citoyens aisés. Le placement était fonction de la condition sociale.

Le *velarium*
Cette grande tenture, aussi appelée vélum, permettait d'abriter les spectateurs du soleil ou de la pluie. Couvrant un tiers de l'arène, elle s'inclinait en pente vers le centre. Elle était tendue au moyen de longues cordes accrochées au niveau de la rue et actionnées par des manivelles.

La construction du Colisée
Différents matériaux, dont le marbre, le ciment, la brique, ont servi à bâtir le Colisée. L'amphithéâtre a été endommagé par des incendies et un tremblement de terre, mais il est toujours debout aujourd'hui.

Les empereurs gladiateurs

Plusieurs empereurs, recherchant la popularité et une réputation de courage, combattirent dans l'arène en tant que gladiateurs. Les gladiateurs appartenaient généralement aux classes les plus basses de la société, mais certains d'entre eux connurent la gloire et le respect du public. Quelques empereurs cherchèrent la même reconnaissance. Mais, contrairement aux gladiateurs professionnels, les empereurs ne risquaient pas leur vie, car les combats auxquels ils prenaient part étaient planifiés d'avance selon des règles qu'ils avaient eux-mêmes établies !

CALIGULA (12–41)

Réputé pour sa cruauté, cet empereur utilisa les combats de gladiateurs pour montrer sa puissance et son autorité. Il tenait à se battre contre des citoyens ordinaires, et non contre des gladiateurs professionnels. Il se serait même servi d'une véritable épée dans un combat où l'on s'affrontait avec des épées en bois pour tuer son adversaire. Les jours de grande chaleur, il faisait enlever le vélum du Colisée et prenait plaisir à voir souffrir les spectateurs sous le soleil. Au début de son règne, il fit installer un ponton sur une baie et parada à cheval en tenue de gladiateur thrace.

Gladiateurs à vendre
Dans son palais à Rome, Caligula choisit des esclaves gladiateurs à acheter.

COMMODE (161-192)

Cet empereur qui aimait particulièrement les combats s'habillait en Hercule avant de pénétrer dans l'arène. Il se battait volontiers contre des bêtes sauvages, notamment les lions. On raconte qu'une fois il tua 100 ours. Il faisait également payer très cher les places des spectateurs venus le voir combattre. Cela eut des conséquences sur l'économie de Rome. Tout comme Caligula, Commode affrontait dans l'arène des citoyens ordinaires.

Le déclin des jeux

Selon les historiens, le déclin des jeux du cirque s'explique principalement par les difficultés économiques de Rome et par la montée du christianisme. Les jeux étaient un divertissement coûteux et, lorsque l'économie de Rome commença à s'effondrer dans les années 300-400 apr. J.-C., ils devinrent de plus en plus difficiles à organiser. Aussi, avec l'expansion du christianisme, de nombreuses personnes jugèrent ces pratiques cruelles et protestèrent pour les faire cesser. L'empereur Constantin accorda aux chrétiens la liberté de culte en 313 apr. J.-C. et l'empereur Honorius fit fermer les casernes de gladiateurs en 399 apr. J.-C. Les jeux furent définitivement interdits en 404 apr. J.-C. après la mort d'un spectateur intervenu dans l'arène pour arrêter un combat.

« [...] Je me suis rendu aux jeux de la mi-journée, espérant voir du sport [...] et me détendre, en évitant la vue du sang humain. Ce fut tout le contraire [...] une véritable boucherie. »

L'influence des philosophes
Le philosophe Sénèque assista à des jeux et fut révolté de voir le public se régaler du spectacle de gladiateurs s'entre-tuant.

Le savais-tu ?
Il existait aussi des femmes gladiateurs. Si la plupart étaient des esclaves, certaines étaient issues des hauts rangs de la société et pratiquaient les combats comme un jeu.

Les enseignements du Christ
Les chrétiens réprouvaient les combats de gladiateurs, non conformes à leur morale. Cependant, certains empereurs chrétiens continuèrent à encourager les jeux du cirque.

Protestations
Des spectateurs pénétraient parfois dans l'arène pour essayer d'arrêter un combat. Selon la légende, le moine Télémaque serait mort lapidé pour être intervenu entre deux gladiateurs.

À ton tour, sois un gladiateur !

Imagine que tu es un gladiateur romain. Tiens ton journal et écris chaque jour pendant une semaine ce que tu fais. Reporte-toi à ce livre pour faire un récit aussi précis et réaliste que possible. Tu peux aussi ajouter des images et les légender.

Voici quelques questions pour t'aider.

1. Quel type de gladiateur es-tu ?
2. Quelles armes et quelle armure portes-tu ?
3. Où t'entraînes-tu ?
4. Où te bats-tu et pourquoi ?
5. À quoi ressemble l'endroit où tu vis ?
6. Comment se déroulent tes journées ?
7. Quelle est ton histoire personnelle ?
8. Combien de combats as-tu déjà menés ?

GLOSSAIRE

Glossaire

arène
espace garni de sable, au centre d'un amphithéâtre, entouré de sièges pour les spectateurs.

citoyen
personne reconnue comme faisant partie d'un État, avec des droits et des devoirs.

Forum
espace de réunion public dans les villes de la Rome antique.

lapidé
tué à coups de pierres.

légion
unité de 3 000 à 6 000 soldats dans l'armée romaine.

podium
plate-forme sur laquelle une personne prend place pour être vue du public.

ponton
structure flottante destinée à soutenir un pont flottant.

révolte
rébellion, soulèvement contre une autorité conduit par un groupe de personnes.

sénateur
membre du Sénat (assemblée politique).

Index

A
amphithéâtre 10, 11, 12, 13, 15, 24, 25

C
Caligula, empereur 26, 27
Capoue 12, 20
César, Jules 10
christianisme 28
Commode, empereur 27
Constantin, empereur 11, 28

D
dieux 8, 13
Domitien, empereur 14

E
esclaves 6, 10, 20, 24, 27, 28

F
Flamma 21

H
Hercule 27
Honorius, empereur 10, 11, 28

L
Ludus Matutinus 15

M
Maximus 8

N
Néron, empereur 10

P
Pompéi 10, 12, 13

S
Sévère, empereur 11

T
Titus, empereur 11, 24

V
Vésuve 10, 20

Crédits et remerciements
Abréviations : h = haut ; g = gauche ; d = droite ; hg = haut gauche ; hcg = haut centre gauche ; hc = haut centre ; hcd = haut centre droite ; hd = haut droite ; cg = centre gauche ; c = centre ; cd = centre droite ; b = bas ; bg = bas gauche ; bcg = bas centre gauche ; bc = bas centre ; bcd = bas centre droite ; bd = bas droite ; ap = arrière-plan
CBT = Corbis ; GI = Getty Images ; iS = istockphoto.com ; TF = Topfoto ; TPL = photolibrary.com ; wiki = Wikipedia
Couverture : 1er plat : Malcolm Godwin/Moonrunner design, 4e plat : Malcolm Godwin/Moonrunner design sauf le pilum GI ; **Intérieur** : **7**hd CBT ; **8**cg iS ; bg TF ; **10**c, cd TF ; **10–11**hc wiki ; **11**cd, hd TF ; **12–13**hc TF ; **14–15**ap CBT ; **15**cd iS ; hg wiki ; **16**bd iS ; hc TF ; **17**bc, bg, bd, hc, hg, hd iS ; **18**bc, cd GI ; bg iS ; **19**ap GI ; **20**bg TF ; **20–21**bc TPL ; **21**cd TF ; **22–23**bc TF ; **26**bc SH ; bd TF ; **26–27**ap CBT ; **27**bc SH ; bd TF ; **28**bg GI ; **29**ap TF
Toutes les illustrations copyright © Weldon Owen Pty Ltd